# LA MAGNIFIQVE ET SVPERBE ENTREE DE MONSEIGNEVR LE DVC D'ANGVIEN, EN LA VILLE DE BOVRGES, EN ATTENDANT LE IOVR heureux de ſon Bapteſme.

*Enſemble les Harangues qui luy ont eſté faictes à ce ſubiect.*



A PARIS,
Chez IVLIEN IACQVIN, ruë de la Harpe au Sauuage, proche l'Arbaleſtre.

M. DC. XXVI.

# LA MAGNIFIQVE ET ſuperbe entrée de Monſeigneur le Duc d'Anguien en la ville de Bourges, en attendant le iour heureux de ſon Bapteſme.

*Enſemble les Harangues qui luy ont eſté faictes à ce ſubiect.*

CE n'eſt pas d'aujourd'huy que l'arriuée des Princes dedans les villes a eſté celebrée & acompagnee d'vne rejouyſſance extraordinaire: Les peuples ſe preſentent auec des dons exquis, releuez de quelques diſcours honorables & pleins de reuerence, auec vn ample tesmoignage de la rejouyssance qu'ils ressentent en leurs ames d'vne telle arriuée: C'est pourquoy le peuple de Bourges, peuple qui a tousiours esté nourry à l'eschole de l'honneur, desireux de rendre ses deuoirs à son Prince, s'est porté librement à le faire paroistre en la personne de Monseigneur le grand Admiral, Lieutenant pour le Roy, lequel en ceste qualité fist son entrée Mardy cinquiesme May en la ville de Bourges, où il fut reçeu & harangué en Roy, Madame la Princesse faisant pour la Royne Mere du Roy, y fust receuë auec les honneurs que l'on a accoustumé de luy deferer: En suitte de ce fust celebrée la triomphante entrée de Monseigneur le Duc d'Anguien dans ladicte ville de Bourges, dont l'ordre fust tel.

PREMIEREMENT, Monseigneur le Duc arriua au grand Credo, qui est vn lieu de plaisance aux portes de ladicte ville, où apres auoir disné, il fut conduit en vne tribune aux harangues, preparée pour cet effect, proche la Chappelle S. Iean, au faubourg d'Oron, où tous les Corps de Ville le vindrent saluër, en la presence de Mõseigneur le Prince, qui estoit vn peu à l'escart.

En apres il fut salué de vingt-deux pieces de Canon, qui estoient sur le rampart, & de quinze autres pieces de la grosse tour, où il faut remarquer que ceste iournée-là il fut tiré plus de six cents coups de Canon.

Cela finy, l'on commença à marcher par ordre, & premierement marchoit le Preuost Prouincial, couuert de clinquant d'or, accompagné de ses Lieutenants de longue & courte robbe, vestus à l'aduantage, assistez & suiuis de tous leurs Archers, couuerts de Casaques de velours cramoisy en broderie, lesquels estants iusques au nombre de cinquante & deux, tous bien montez, auoient le pistolet & la carabine à la banderolle de mesme que la casaque. *Sui*uoit en apres l'Infanterie conduitte par les Capitaines de la ville qui conduisoient quatre Regiments de mil hommes chacun.

Tost apres marchoit l'Eglise, sçauoir les Minimes, Capuchins, Cordeliers, Carmes, Iacobins, Augustins, qui estoient suiuis des dix-sept parroisses de la ville.

En apres suiuoient les Chapitres de Nostre-Dame de Salle, de Motiermoyen, du Chasteau, des Religieux sainct Ambroise & Religieux de sainct Sulpice.

Marchoient en suitte Messieurs sainct Vrsin, Chanoines de la plus ancienne Eglise de Bourges, qui a ce priuilege par dessus l'Eglise Cathedralle, que de parler pour tout le Clergé, par la bouche du Prieur dudit sainct Vrsin qui harangua en ces termes.

MONSEIGNEVR les Romains dressoient des Autels, bruslοient des encens à l'aduenuë de leurs Empereurs, & entonnoient ces chants d'allegresse, Rome est saluée, puisque le salut de son Prince est à couuert, Mais nous instruicts en vne plus saincte escolle, nous bruslons du desir d'vne bonne volonté de vous rendre seruice, & vous presentons pour offrandes les victimes de nos cœurs prés de les sacrifier pour vostre obeissance, & il vouloit dire d'auantage lors que Messieurs de l'Vniuersité s'aduancerent accompagnez de six *Bedeaux* vestus de robbes longues, ayants chacun vne grosse masse d'argent doré, apres marchoit le Recteur couuert d'vne robbe d'escarlatte à paremens de velours noir, En suitte duquel marchoient deux Bedeaux comme les precedents, qui accompagnoient le Conseruateur, apres suiuoient les Docteurs de la Faculté

de

de Theologie, suiuis de deux autres Bedeaux, puis les Docteurs en Droict qui estoient suiuis de la Faculté de Medecine.

Puis apres estoit le Bedeau des Allemans portant vne masse d'argent doré, au bout de laquelle il y auoit vne double Aigle esployée & couronnée, suiuy du President des Allemans, lequel estoit accompagné de tous ceux de ladite nation.

Marchoit à sa main droicte le corps de Iustice, composé de douze Huissiers auec les robbes, bonnets, & Baguettes, trois Greffiers, quarente deux Procureurs, & cinquante Notaires, lesquels precedoient les Aduocats, qui estoient iusques au nombre de cent.

Apres suiuoit le Presidial, tous

les Conseillers, Lieutenants General, Criminel & Particulier.

A la gauche marchoient le Concierge de l'Hostel de Ville, l'Aduocat, Procureur & Greffier de ladite Ville qui precedoient le Maire, vestu d'vne robbe de velours rouge brun, & velours vert.

Apres cela l'on portoit vn daiz de satin blanc, sur lequel estoit les armes de Monsieur le Prince, Madame la Princesse, & Monsieur le Duc, toutes en broderies, ledict daiz porté par les quatre Escheuins, vestus de robbes de satin rouge & vert.

A l'entrée de la Ville furent presentées deux grosses clefs d'argent par ledit Maire à Monsieur le Duc, lequel tost apres estoit porté dans vne lictiere, vestu de velours bleu à fond d'argent, ledit Seigneur suiuy de la Noblesse du païs.

Suiuoit aussi le Capitaine des gardes de Monsieur le Prince, accompagné de toutes ses casaques tresbien montez & en fort bel ordre.

Deux cens ieunes hommes d'élite suiuoient la pique à la main, le Capitaine desquels vestu de taby blanc à fleurs, comme aussi toute sa compagnie, harangua de ceste façon:

Monseigneur, les anciens à l'arriuée de leurs Princes, ont fait autresfois bastir vn Temple à la fortune qu'ils ont appellé de l'heureux aduenement, comme voulant rendre immortelle la joye qu'ils en auoient conceuë.

Ainsi nous bastirons des Temples au milieu de nous meſmes, dans leſquels, & dans le plus pur de nos ames, nous conſeruerons la memoire inuiolable du bonheur que nous auons receu ce iourd'huy par le moyen de voſtre grãdeur, à laquelle nous conſacrons nos vies & nos fortunes.

L'harangue finie, il paſſa par la porte Tournoyſe, où il fuſt ſalué d'vne muſique de haultbois, puis arriué à la ruë dicte des Arenes, il y rencontra vn grand arc triomphal, enrichy de diuerſes peintures, duquel & au trauers d'vne nuée ſortit vn fort bel enfant veſtu de ſatin blanc, lequel preſenta au nom de ladite, vn Berger d'argent doré tout maſſif, haut d'vne coudée, & vn autre petit Berger repreſentant mondit ſieur le Duc,

& encorés trois gros moutons & vn chien, le tout d'argent massif.

De ladicte ruë des Arenes, passant par la Porte-neufue, arriua aux Iesuittes qui estoient en attente de sa personne toute leur maison estoit enrichie de plusieurs deuises & peintures.

Il passa outre pour s'acheminer à la grande Eglise, où arriué qu'il fut à l'entree du portail du cloistre, fut salué d'vne Musique de voix meslées d'instruments, puis entra dans l'Eglise où Monsieur de Bourges en ses habits pontificaux, accompagné de l'Euesque d'Alby suiuy des Chanoines, le receut & à l'instant fut chanté le *Te Deum*, puis conduit dans le Cœur de ladite Eglise sur vn theatre preparé à cét effect ; l'on fist enapres vn feu de joye lequel fi-ny l'on le conduisit à l'Archeuesché où ayant esté salué de Messieurs les Generaux de France & Esleus, & autres Magistrats, il se retira au logis du Roy en attendant l'heureux iour de son Baptesme que tout le monde attend auec toute sorte d'impatience pour les solemnitez qui s'y feront.

FIN.

www.ingramcontent.com/pod-product-compliance
Lightning Source LLC
Chambersburg PA
CBHW061622040426
42450CB00010B/2618
*9782014502725*